LES

NOCES D'OR

DE

M. L'ABBÉ CONSTANT BEAUTOUR

CURÉ-DOYEN DE RIBEMONT

CHANOINE HONORAIRE DE LA CATHÉDRALE DE SOISSONS

CÉLÉBRÉES A RIBEMONT

LE MERCREDI 14 AVRIL, DE L'AN DE GRACE 1880

Conserver la couverture

SOMMAIRE :

SAINT-QUENTIN

IMPRIMERIE DU CONSERVATEUR DE L'AISNE

1880

LES NOCES D'OR

DE

M. L'ABBÉ CONSTANT BEAUTOUR

LES

NOCES D'OR

DE

M. L'ABBÉ CONSTANT BEAUTOUR

CURÉ-DOYEN DE RIBEMONT

CHANOINE HONORAIRE DE LA CATHÉDRALE DE SOISSONS

CÉLÉBRÉES A RIBEMONT

LE MERCREDI 14 AVRIL, DE L'AN DE GRACE 1880

SOMMAIRE :

SAINT-QUENTIN

IMPRIMERIE DU CONSERVATEUR DE L'AISNE

1880

LES NOCES D'OR

DE

M. L'ABBÉ CONSTANT BEAUTOUR

I

ANNONCE DE LA FÊTE

Le Dimanche, 11 Avril, M. l'abbé Léon BRULÉ, professeur de seconde au Séminaire de Notre-Dame de Liesse et enfant de Ribemont, annonçait en ces termes la fête du 14 Avril :

Mes Frères, je suis chargé — et je le fais de grand cœur, — de vous annoncer une fête de famille que nous devons célébrer mercredi prochain. C'est mercredi, en effet, que notre vénéré Père en Dieu, M. le Doyen, finira, au milieu de nous, sa 80e année. Il a été arrêté entre tous ces Messieurs Prêtres du doyenné, qu'il y aurait, à cette occasion, dans notre chère Eglise, une Messe solennelle d'actions de grâces à laquelle tous ces Messieurs se feront un bonheur d'assister. Un des prêtres présents à la cérémonie prononcera le discours de circonstance. Vous devez vous rappeler, mes Frères, qu'en 1870, une fête du même genre était célébrée par la paroisse, mais elle coïncidait avec les malheurs de tout genre qui étaient venus s'abattre sur la France et devait naturellement perdre de son éclat. D'un autre côté, tant d'ecclésiastiques, qui auraient voulu y prendre part, avaient été privés de ce bonheur! Nous aurons donc tous notre dédommagement, mercredi prochain, et je suis convaincu, mes Frères, que l'on peut compter à l'avance sur votre filial concours.

II

LES PRÉLUDES

Un prêtre du doyenné s'était chargé des lettres d'invitation; il recevait les excuses et les profonds regrets de :

MM. BRUGNON, curé de Montbrehain, ancien vicaire de Ribemont; JOVENAY, Henri, curé de Verguier, ancien vicaire; et RENOUX, ancien curé d'Amifontaine, résidant à Parpeville.

M. l'abbé Charles BRULÉ, ancien supérieur du collège de Juilly, aujourd'hui membre de la Congrégation des Oblats de Marie-Immaculée, nous envoyait, de Notre-Dame de Sion, cette pensée gracieuse, digne d'un enfant de Ribemont : « Je prierai pour que Dieu enrichisse encore cette « belle guirlande de vertus de M. le Doyen et n'en fasse « que le plus tard possible une couronne. »

Un saint religieux, ancien vicaire de Ribemont, le R. P. Cosnileau, Barnabite, écrivait le 3 avril, du château de Raincourt, où il est en convalescence : « Quelle belle et « touchante pensée que celle de cette fête à l'église et au « presbytère de Ribemont! Comme mon cœur a tressailli à « cette annonce, et combien je vous en remercie! Je « sens que vous aimez M. le Doyen et mon cœur en est « doucement ému et profondément reconnaissant. Hélas! « quel douloureux sacrifice ce sera pour moi si je ne puis « être présent à cette fête de famille! Ma santé plus mau- « vaise, depuis deux mois, me permettra-t-elle ce long

« voyage : plus de 520 kilomètres ! Pour toute autre cause « l'hésitation ne saurait exister, et je répondrais : *non et* « *trois fois non.....;* mais ici, je ne puis arracher de mon « cœur le *non* que souffle la raison, en appelant à la pru- « dence. Je consulterai donc pour savoir si je m'exposerais « à des conséquences *trop graves* en entreprenant ce « voyage.

« Toutefois je ne puis me dissimuler que les craintes « dominent de beaucoup les espérances. Ce serait pour « moi une véritable épreuve ajoutée à tant d'autres, si je ne « pouvais aller moi-même porter à M. le Doyen le témoi- « gnage de ma piété la plus filiale en cette circonstance, et « rendre un solennel hommage au sacerdoce de Notre-Sei- « gneur Jésus-Christ, en la personne de ce prêtre si digne, « si constant à ne rechercher en tout que la gloire du divin « Maître et si zélé au bien des âmes. Sept années de vie « commune avec lui m'ont permis de le connaître de près, « et c'est une des grâces dont je remercie le plus Notre- « Seigneur..... »

Le 9 du même mois, un prêtre qui est l'honneur de la ville de Ribemont et le bienfaiteur de son Eglise, M. l'abbé Piot, chanoine titulaire de Soissons, écrivait, de son côté, cette page touchante :

..... « Je n'ai pas besoin de vous dire combien j'aurais été heureux de pouvoir célébrer avec vous un grand et bien touchant anniversaire, me ranger avec vous et tous les si bons prêtres du doyenné autour d'un Père si justement respecté et si justement aimé ; mais, je n'en serai pas moins tout de cœur avec vous pour bénir Dieu et le remercier, le prier de conserver, de prolonger des jours précieux pour l'Eglise, pour une paroisse qui me doit être, et m'est, en effet, toujours si particulièrement chère..... »

Ces témoignages déjà si honorables devaient, par une attention délicate, recevoir leur complément, le jour même de la fête. Le représentant direct de Monseigneur l'Evêque,

M. Mathieu, vicaire général, et archiprêtre de Saint-Quentin, adressait à M. le Doyen cette lettre qui est le brevet authentique délivré au vétéran du sacerdoce.

« Saint-Quentin, le 13 avril 1880.

« Monsieur le Doyen et très vénéré confrère,

« Bien volontiers j'aurais assisté à votre cinquantaine de « sacerdoce. Un concours de circonstances que je n'ai pu « prévoir et un empêchement que je n'ai pu prévenir me « priveront d'être avec vous demain et avec vos nombreux « amis.

« Je n'ai pas besoin de vous dire, Monsieur le Doyen, que « mon cœur et mes vœux se porteront vers vous; *mon cœur*, « en reconnaissance de la très-honorable et très vive affec- « tion que vous avez toujours bien voulu me témoigner; « *mes vœux*, pour votre santé aujourd'hui raffermie, pour « la longue et heureuse continuation de ce digne et valeureux « ministère qui nous a montré, dans votre personne, le « prêtre et le soldat de Jésus-Christ tenant ferme le drapeau « de l'Eglise, de ses droits, de sa dignité vénérable et « séculaire.

« Vivez longtemps encore, Monsieur le Doyen, pour notre « exemple et notre édification; montrez-nous encore, pen- « dant bien des années, comment travaillent les véritables « ouvriers et les valeureux soldats du Christ. *Labora sicut* « *bonus miles Christi Jesu.* Combattez le bon combat, au « terme duquel se trouve la palme des vainqueurs. Notre « monde a besoin de grandes leçons et de grands exemples. « Puissent les vôtres en susciter, dont la sainte et inévitable « contagion (car l'exemple, on l'a dit, est contagieux) servira « à la régénération et à la restauration de notre pauvre « pays. »

« Daignez agréer, Monsieur le Doyen, avec mes regrets,

« la nouvelle assurance de mes meilleurs et très respectueux
« sentiments en Notre-Seigneur.

« Votre confrère.

« Signé : A. Mathieu,
« Curé-Archiprêtre, Vicaire-général. »

III

LES INVITÉS PRÉSENTS

Sans méconnaître les dignités et l'ancienneté dans le sacerdoce, nous observerons l'ordre alphabétique :

MM. Adam (Virgile), curé de Parpeville et Villancey;

André (Louis), curé de Thenelles et Regny;

Bernard (le Révérend Père) des Frères prêcheurs de Saint-Dominique.

Beugnatre (Clovis), ancien curé de Villers-le-Sec, et chanoine honoraire de Soissons;

Blain (Eugène), curé d'Origny-en-Thiérache et du Chaudron;

Blot (Constant), curé de La Ferté-Chevresis;

Bouché (Auguste), curé de Séry-les-Mézières ;

Brulé (Prosper), curé de Renansart, Surfontaine et Fay-le-Noyer ;

Brulé (Léon), né à Ribemont, professeur de seconde au Séminaire de Notre-Dame de Liesse ;

Caplain (César), né à Ribemont, curé de la paroisse Saint-Eloi, à Saint-Quentin ;

Clère (Edmond), né à Ribemont, curé de Pargny-Filain ;

Constance (Narcisse), curé-doyen de Vermand-Marteville ;

Debordeaux (Jean-Baptiste), curé de Villers-le-Sec ;

MM. Doucy (Amédée), curé de Tergnier, ancien vicaire de Ribemont ;

Dupuy (Charles), né à Lucy-Ribemont, curé de Iron ;

Gelly (Paul), curé de Chevresis et Monceau-le-Viel ;

Gilbert (Charles), curé de Pleine-Selve ;

Gourlé (P.), curé du Mont-d'Origny et de Neuvillette ;

Jardinier (Jules), curé d'Origny-Sainte-Benoîte et Courjumelles, promoteur du doyenné de Ribemont ;

Lecomte (Félix), curé-doyen de Moy de l'Aisne ;

Lecomte (Antoine), curé d'Epagny, Bagneux et Vézaponin, ancien vicaire de Ribemont ;

Leroux (Paul), curé de Sissy et Châtillon-sur-Oise ;

Noble (le Révérend Père), des Frères prêcheurs de Saint-Dominique ;

Olivier (Aristide), curé de Berlancourt et Voharies ;

Préaut (François), curé de Montigny et Thiernu, promoteur du doyenné de Marle et missionnaire apostolique ;

Prudhomme (Alexis), curé de Bellicourt, ancien vicaire de Ribemont ;

Robache (Valentin), vicaire de Ribemont ;

Thiébaux (Joseph), pharmacien de 1re classe à Saint-Quentin, fondateur de l'église de Lucy-Ribemont, son pays natal ;

Tournemolle (Charles), curé de Fontaine-Notre-Dame et de Marcy ;

Vitu (Louis), ancien curé de Regny, en résidence à Ribemont ;

Waendendries (Paul), curé de Mézières-sur-Oise et de Berthenicourt ;

Wargnier (Louis), curé de Bernot et Hauteville.

Sur les trente-sept doyennés du diocèse de Soissons, treize étaient représentés à la fête du 14 avril : Guise, Hirson, La Fère, Le Câtelet, Marle, Moy, Saint-Quentin, Ribemont, Sains, Sissonne, Vailly, Vermand et Vic-sur-Aisne.

IV

LA SAINTE MESSE

L'église est parée comme aux jours des grands anniversaires chrétiens. M. l'abbé GOURLÉ, à un titre tout particulier, célèbre la Sainte Messe, assisté de MM. GILBERT et DOUCY ; M. BEAUTOUR, en grand costume canonial et escorté de MM. les doyens CONSTANCE et LECOMTE, occupe l'estrade dressée en face du célébrant. On remarque à ses côtés son vénérable ami, M. le chanoine BEUGNATRE qui, lui aussi, vient de finir ses 80 ans, et est associé intimement aux manifestations de la journée. MM. ANDRÉ et ADAM remplissent les fonctions de *Præcentor* et de *Succentor* : ils sont merveilleusement secondés par la voix puissante et harmonieuse des chantres paroissiaux. L'excellent abbé ROBACHE, vicaire de Ribemont, est maître des cérémonies. Les deux enfants de Saint-Dominique occupent les stalles d'honneur ; les autres ecclésiastiques complètent la couronne sacerdotale autour du Saint Autel.

L'assistance fut considérable et dépassa les prévisions : il s'agissait, en effet, d'un office sur semaine, coïncidant avec les travaux de tout genre d'une reprise de saison. Les établissements publics d'instruction furent au complet, sous les yeux des dignes Maîtres et des dignes Institutrices. Nous distinguons à sa bannière le Cercle catholique de Ribemont venant rendre hommage *à son Fondateur*.

La messe fut celle de la Pentecôte : car M. le Doyen,

ignorant la fête qu'organisaient en son honneur les prêtres du doyenné, les avait lui-même convoqués à la cérémonie annuelle *dite des Calendes*. MM. Préaut, Gelly et Debordeaux furent donc occupés, pendant le Saint Sacrifice, à la répartition des Saintes Huiles. A l'*Offertoire*, le *Justus ut palma florebit* du P. Lambillotte fut exécuté : 1er ténor par M. l'abbé Leroux, qui chanta aussi à l'*Elévation* l'*O Salutaris* de Lefébure ; 2me ténor, par M. l'abbé Waendendries. A la *Communion*, les deux artistes s'unirent pour rendre d'une manière ravissante l'*Ave Maria* de Miné. M. Maincour-Legras, organiste de Ribemont, accompagnait ces Messieurs : son jeu fut splendide à l'Offertoire et à la sortie.

Le *De Profundis*, annoncé par M. le Doyen, donne un moment de surprise à une partie de l'assistance qui ne connaît pas l'usage traditionnel *des Calendes* : la prière pour les prêtres morts dans le cours de l'année. Bientôt la fête reprend avec le triomphant *Te Deum* entonné par M. le Doyen, qui commence aussi le suave *Ecce quam bonum*, chanté avec enthousiasme par les trente-trois ecclésiastiques.

V

LE DISCOURS

Après le chant de l'Evangile, M. l'abbé Jardinier monta en chaire et prononça le discours suivant :

Coram cano capite consurge et honora personam senis.

Levez-vous devant une tête qui a blanchi, et honorez la personne du vieillard. (Au livre du Lévitique, ch. 19, v. 32.)

Monsieur le Doyen,

Au moment où la paroisse, que vous administrez depuis 37 ans, se presse en face des autels, au jour de vos 80 ans ; au moment où les prêtres du doyenné de Ribemont, unis à votre digne sœur, à vos anciens vicaires et aux prêtres nés dans cette ville, n'ont qu'un même sentiment pour votre personne : la piété filiale ; qu'un même sentiment pour le Ciel : la reconnaissance, il m'a semblé que le sujet le mieux en situation, du haut de cette chaire, serait précisément *La Vieillesse*. Oui, la vieillesse chrétienne et sacerdotale envisagée dans ses rapports avec Dieu et le prochain, tel sera, Monsieur le Doyen, l'objet de nos communes méditations.

I. — Commençons, mes Frères, par nous rendre compte sans illusion de l'ordinaire appréciation du monde sur l'âge qui nous occupe. Il est loin, ce monde léger et frivole, d'avoir pour la vieillesse le respect et la considération qui lui sont dus. Il accorde ses sourires et ses faveurs aux grâces naïves de l'enfance, à l'éclat de la jeunesse, à la vigueur de la virilité. Tout ce qui fleurit et brille, l'attire ; tout ce qui se flétrit et décline, l'éloigne. C'est l'histoire perpétuelle du soleil à son lever et du soleil à son couchant. Entrons dans quelques détails.

Si le vieillard reste dans la dignité de son âge, on le laisse à distance, pour n'avoir à s'imposer devant lui ni gêne, ni contrainte ; s'il condescend encore à se montrer dans les sociétés, c'est le ridicule qui l'attend et presque le mépris. On s'en prend même à son extérieur. La négligence s'y fait-elle remarquer ? le monde trouve qu'on lui manque d'égards. Après tout, dit on, le monde mérite bien quelques ménagements, et lorsqu'on s'y montre, c'est à certaines conditions.

Un vieillard est-il pieux ? On dit que c'est un pis-aller. Cherche-t-il à ne peser sur personne et se montre-t-il facile à contenter ? c'est que sans doute le cœur vieillit comme le corps, et que le repos devenant le souverain bien, le détachement chez lui n'est que l'indifférence.

Un saint attrait l'appelle-t-il dans la solitude ? c'est un bon calcul pour cacher la tristesse des biens perdus et ne plus voir les joies des autres. Ses largesses sont-elles grandes ? quel mérite ont-elles, puisqu'il est insensible aux privations et ne donne que ce qu'il va quitter. S'il est doux, c'est qu'un sang glacé coule dans ses veines. S'il est malade, et, malgré cela, patient, c'est qu'il est de bon goût de se souvenir des exigences de l'âge. S'il va mourir et se résigne : n'a-t-il pas très longtemps vécu ? Enfin, il n'est pas une de ses vertus que le monde ne traduise par une nécessité (1).

(1). Les trois alinéas qui précèdent sont empruntés à un travail de Mme Swetchine : *De la Vieillesse*. On a cru que, même du haut de la chaire, pour rendre la pensée du monde, on pouvait puiser chez un écrivain

Tel est, mes Frères, le langage du monde que j'ai appelé léger et frivole : je n'ignore pas, en effet, qu'il y a sous ce rapport, au sein d'une société plus digne, de glorieuses exceptions.

II. — Ecoutons maintenant le langage du Ciel sur la vieillesse, et puisons-le à sa véritable source, c'est-à-dire, dans nos Saintes Ecritures. Oh ! combien il est différent, et surtout combien noble et exact ! Il semble que l'esprit de Dieu, inspirateur de nos Livres Saints ait eu pour cet âge une tendre et paternelle sollicitude. Après avoir dit de Dieu qu'il est le *Principe* et la *Fin* de toutes choses, il s'occupe de ce qui se passe pour chacun de nous, entre ce grand Alpha et ce grand Oméga. Il entre dans des détails minutieux sur l'âge prodigieux de l'homme avant le déluge, et, quand les années de l'homme sont entrées dans la période décroissante, il ne leur porte qu'un plus vif intérêt. Nous apprenons de cet Esprit divin à quel âge moururent les personnages marquants du peuple juif : Abraham à 175 ans ; Isaac à 180 ; Jacob à 147, avec cette circonstance que, quand il parut devant Pharaon, il était déjà voyageur ici-bas depuis 130 ans ; Joseph, comme plus tard Josué, à 110 ans ; Moïse à 120, et le Deutéronome a soin de nous dire que, malgré ce second siècle commencé, la vue du législateur des juifs ne baissa pas, ses dents ne furent pas ébranlées. Les deux Tobie modèles, l'un de la tendresse paternelle, l'autre de la piété filiale, ne pouvaient être oubliés dans cette attachante énumération : le père meurt à 102 ans, le fils à 99, et il voit sous ses yeux cinq générations. Job, à la suite de ses épreuves qui datent vraisemblablement des premières années de sa maturité, vécut encore 140 ans, et l'éclat de sa fortune restaurée

appartenant au monde. D'un autre côté, cette appréciation de Mme SWETCHINE ayant parfois une forme qui dérogeait à la gravité de la chaire, on a cru pouvoir modifier certains tours de phrase, etc.

l'emporta sur la profondeur et l'étendue de ses malheurs. Ayant l'honneur de parler devant des prêtres, oublierai-je le grand prêtre Joiada, mourant plein de jours et de mérites à l'âge de 130 ans. Je serais injuste pour la partie la plus nombreuse de cet auditoire, si je ne mentionnais l'âge de l'héroïque Judith, 115 ans, et de l'habitante du temple de Jérusalem, au début du nouveau Testament, la prophétesse Anne, 84 ans.

J'ouvre maintenant le livre des Psaumes, et, au 89e qui a pour titre : Prière de Moïse et qui est attribué à ce grand homme par plusieurs saints docteurs, je lis la supplication la plus émouvante adressée au Seigneur, en faveur d'un peuple trop souvent rebelle. Or, sur quoi repose cette supplication ? Sur une sorte de parallèle entre les années divines et les années humaines, pour que Dieu ne raccourcisse pas le nombre déjà si restreint de ces dernières : Voici, ô Dieu, que mille années, *pour vous*, s'écoulent plus rapidement que le jour d'hier déjà évanoui ! *Mille anni ante oculos tuos, tanquam dies hesterna quæ præteriit.* Mais, *pour nous,* hélas ! tristes passagers ici-bas, les jours de nos années ne sont guère que de 70 ans, *dies annorum nostrorum in ipsis septuaginta anni*, et encore, sont-ils tissus par nous avec l'anxiété qui assiège l'araignée faisant et refaisant sa toile, *sicut aranea meditabuntur.* Que si les plus robustes vont jusqu'à 80 ans, leur surplus n'est que peine et douleur : *si in potentatibus octoginta anni, et amplius eorum labor et dolor !* Comme il est touchant, mes Frères, et mélancolique d'entendre les plaintes que nous exhalons sur la brièveté et l'agitation de nos jours, formulées déjà, dans les mêmes termes, aux âges les plus lointains, et par les plus saints personnages !

Je serais infini, mes Frères, si je me livrais au même aperçu sur les grands personnages de l'Eglise catholique, à travers les 1,900 ans de son histoire. Nous aurions à recueillir là plus d'une note instructive et émouvante.

Mais, après avoir constaté des faits, je dois vous offrir les leçons dont abondent ces mêmes pages inspirées.

III. — Ce qui me frappe, à ce point de vue, dans l'Ecriture Sainte, c'est son respect, je ne dis pas assez, sa vénération pour la vieillesse. N'ai je pas commencé cet entretien par cette parole solennelle : *Lève-toi en présence d'une tête qui a blanchi !* La vieillesse, dira, de son côté, le livre des Proverbes, porte une couronne de dignité qui la consacre au respect des hommes : *corona dignitatis senectus.* Garde-toi, dit en général l'Ecclésiaste, de jamais mépriser l'homme qui a vieilli ! *ne spernas hominem in suâ senectute.* Faisant un pas de plus dans le cœur humain. le livre des Proverbes ajoute ces paroles qui doivent émouvoir au même degré les mères et leurs enfants : Ne méprise pas ta mère, surtout quand elle aura veilli : *ne contemnas, cum senuerit mater tua.*

Mais, ce n'est pas seulement le respect qui est ici recommandé, c'est l'estime la plus profonde qui est professée. Ecoutez plutôt ! Là où se trouve une réunion de vieillards, formant pour ainsi dire une couronne, là se trouve la sagesse, la réelle habileté : *corona senum multa peritia.* Comme il est fin et laconique ce conseil donné quelques pages plus loin ! Là où sont assemblés des vieillards, ne t'avise pas de trop parler : *ubi sunt senes, non multum loquaris.*

Le plus grand éloge que les anciens du peuple pourront faire un jour du jeune Daniel, suscité à 12 ans, pour venger l'honneur d'une sainte femme, sera de lui dire : Viens, enfant, prends séance au milieu de nous, et instruis-nous, parce que Dieu t'a donné l'honneur de la vieillesse : *veni et sede in medio nostrum, et indica nobis quia tibi Deus dedit honorem senectutis.* Il semble que Dieu le Père ait montré en Daniel une figure de son divin Fils paraissant, lui aussi, à 12 ans, dans l'assemblée des docteurs qui étaient en même temps des vieillards, leur répondant et les interrogeant.

Il est si grand, le prestige qui s'attache à l'estime des vieillards pour notre personne, nos paroles et nos actes, que, quand Saül, après sa désobéissance, aura entendu sa condamnation de la bouche de Samuël, il lui dira : Oui, il est vrai, j'ai péché, mais, malgré mon péché, ô prophète du Seigneur, ne livrez pas mon honneur royal, donnez-moi un dernier témoignage de déférence devant les vieillards de ma nation, et faites quelques pas avec moi sous leurs yeux : *peccavi, sed nunc honora me coram senioribus populi.* Et Samuël, en effet, ne crut pas pouvoir refuser à cette royauté déchue cette marque de douloureuse sympathie : *reversus ergo Samuel secutus est Saül.*

Si maintenant, toujours au point de vue de la vieillesse, si le Seigneur fait entendre ses menaces contre l'impie, en voici une qui ne passera pas inaperçue : La vieillesse la plus avancée sera sans honneur : *sine honore erit novissima senectus eorum.* Généralisant la menace quand il est question de l'infidélité et des prévarications de tout un peuple, le Seigneur annonce l'invasion armée d'une nation fière et arrogante, *gentem procacissimam,* qui ne sera touchée ni de respect pour les vieillards, ni de pitié pour les petits enfants, *quœ non deferat seni, nec misereatur parvuli.* L'Esprit de Dieu pouvait-il montrer d'une façon plus expressive son tendre intérêt et son respect pour les deux extrémités de la vie ?

IV. — Ce sont, d'ailleurs, mes Frères, les vieillards dignes de ce nom qui auront conscience, les premiers, de l'incomparable majesté du grand âge. Quand de prétendus amis d'Eléazar, l'un des premiers entre les anciens et les docteurs de la loi, vinrent lui suggérer une feinte, à l'aide de laquelle il pourrait échapper au bourreau, il commença, nous dit le livre des Machabées, par considérer ce que demandaient de lui une vieillesse si avancée, ces cheveux blancs, compagnons de ce grand cœur qui lui était naturel, et il s'empressa de répondre qu'il aimait mieux aller au martyre et descendre dans la tombe. Ecoutons son sublime raisonnement : Car il n'est pas digne de l'âge où nous sommes, d'user de cette feinte qui serait cause que plusieurs jeunes hommes, s'imaginant qu'Eléazar, à l'âge de 90 ans, aurait passé à la vie des nations, c'est-à-dire à l'idolâtrie, seraient ainsi trompés et entraînés. Et, par cela seul, continue-t-il, il y aurait sur moi une tâche, et ma vieillesse serait en exécration aux yeux de la postérité. Comment, de cette ferme et complète logique ne sortirait-il pas une magnanime conclusion? C'est pourquoi, dites-vous, ô noble vieillard, quittant la vie en brave, *fortiter vitâ excedendo*, j'apparaîtrai à la postérité, digne de ma vieillesse : *senectute quidem dignus apparebo !*

Un autre grand personnage, qui fut à la fois roi et prophète, se prévaudra aussi de son âge, et pourquoi? Pour venger, en homme d'expérience, la Providence de Dieu, méconnue parmi les hommes. — Moi aussi, j'ai été jeune, dira-t-il, et maintenant je suis vieux! Eh bien, à travers les différentes phases de ma longue carrière, il ne m'est pas arrivé de rencontrer le juste, le vrai juste abandonné, ni ses enfants cherchant leur pain. *Junior fui, etenim senui, et non vidi justum derelictum, nec semen ejus quærens panem.*

Voulant, dans une autre circonstance, glorifier, du même coup, la vieillesse, et rendre hommage à la divine Bonté qui s'était manifestée à lui en tant de rencontres, il s'écrie : Quoique les vieillards soient nos maîtres en intelligence, il m'a été donné de les surpasser du côté de cette véritable intelligence quiconsiste à se rendre un compte complet de vos commandements : *super senes intellexi, quia mandata tua exquisivi.*

V. — Oublierai-je, mes Frères, de vous donner une idée des châtiments lancés par Dieu contre quiconque ose attenter à l'inviolabilité du vieillard. Je ne veux emprunter à la Bible que deux traits. Un jour, le prophète Elisée monte de Jéricho à Béthel : une troupe d'enfants que saint Augustin croit avoir été envoyés par leurs parents, pour l'insulter, à cause de sa religion et de sa piété, s'en prend à la tête dénudée de l'homme de Dieu. — Monte, lui crient-ils, monte, vieux chauve, et l'outrage est reproduit. Elisée se retournant, jette les yeux sur eux, les maudit au nom du Seigneur, et, en même temps, deux ours, sortant des fourrés voisins, se précipitent sur ces jeunes insulteurs de la vieillesse et les mettent en pièces. Terrible leçon, bien plus à l'adresse de parents pervers que de ces enfants infortunés !

Le châtiment sera plus terrible encore, quand le chef d'une nation, le roi en personne, aura méconnu le respect dû à la vieillesse. A peine Salomon est-il mort, que tout le peuple, *omnis multitudo,* demande à son jeune successeur des adoucissements qui paraissent légitimes, puisque les vieillards consultés sont de cet avis. Roboam se révolte à la pensée d'une concession ; il soumet à quelques jeunes gens, compagnons des jeux de son enfance, *qui nutriti fuerant cum eo,* le conseil si sage des anciens de la nation. Les jeunes fous lui suggèrent un refus insultant et provocateur. Une révolte effrayante se déclare, l'unité nationale est violemment brisée, et pourquoi cette catastrophe dont les conséquences seront incalculables ? Parce que le conseil des vieillards a été repoussé : *derelicto seniorum consilio.*

Cette confiance dans la prudence et l'expérience de la vieillesse est si grande, que David, au moment de la révolte de son fils, apprenant qu'Achitophel, l'un des conseillers de sa propre couronne, l'a trahi et a passé sous l'étendard d'Absalon, demande à Dieu, comme juste punition de la révolte de l'un et de la félonie de l'autre, de rendre insensés tous les conseils que pourra donner Achitophel : *infatua, quæso, Domine, consilium Achitophel.*

VI. — Après ces hommages rendus sous mille formes à la vieillesse par la Sainte Ecriture, je ne serais pas complet si je n'apportais ici le tribut payé à ce même âge par la raison, ou plutôt, par le cœur de l'homme. S'il y a, comme je l'ai dit, le monde qui méconnait la vieillesse, il y a le beau et noble monde qui lui rend hommage. Je prends, pour ainsi dire, au hasard, dans un livre admirable qui en résume plusieurs autres sur ce cordial sujet. Veuillez me suivre, mes Frères, ce ne sera pas moi qui vous parlerai, et vous verrez combien vous y gagnerez.

Premier aperçu sur l'expérience du vieillard : « Il *sait*, et « c'est bien quelque chose que de *savoir*. Avoir vu, durant « une longue vie, Dieu ayant toujours raison; pouvoir se « dire *parfaitement content de lui* (Bourdaloue) ; admirer sa « loi justifiée en tous points ; avoir mesuré le néant que l'on « quitte, pesé sa poussière et entrevu avec certitude les « biens que l'on attend, n'est-ce pas aussi quelque chose? »

Voici maintenant le vieillard dans le passé et dans l'avenir : « Il est le pontife du passé, ce qui ne l'empêche pas « d'être le voyant de l'avenir. Le prêtre représente le sacer- « doce de l'éternité, le vieillard celui du temps : l'expé- « rience en lui fait les oracles et les prophéties, et, plus « d'une fois... les anciens du peuple ont suffi pour mainte- « nir et perpétuer la notion bienfaisante et tutélaire du « droit et de l'éternité. »

Voulez-vous avoir une idée de la perspicacité du vieillard ? « Son œil est exercé et rapide, car l'expérience est une « seconde vue, montrant dans ce qu'on a vu tout ce qu'on « verra. Il est comme une sentinelle avancée sur les limites « de la vie ; le sommeil fuit sa paupière ; il semble faire « cette veille du preux avant le jour qui l'armait chevalier. »

Comment apprécierons-nous les insomnies du vieillard ?

« Une bonté particulière de la Providence a rendu la dispo-
« sition à l'insomnie presque générale chez les vieillards :
« mieux vaut vivre que dormir. Dieu veut multiplier les
« mérites, et, comme le temps presse, il dit : veillez et
« priez. »

Voulez-vous une définition de la jeunesse et de la vieillesse? « La première est la plus belle fleur qui soit au monde ;
« la seconde est le plus savoureux des fruits. »

Admirez maintenant ces deux rapprochements! « Ainsi
« que la Croix du Calvaire, le vieillard est suspendu entre
« la terre et le ciel : il tient à l'une par ses devoirs, à l'autre
« par ses espérances. Il croit, parce qu'il a éprouvé toute
« chose, et que la vérité de l'Evangile est seule restée au
« fond du creuset. La vieillesse, c'est la vie arrivée à son
« Samedi Saint, veille de la Résurrection glorieuse, lende-
« main de tous les déchirements de la terre, de tous les
« supplices de la Croix. »

Je mets sous vos yeux le tableau de la vieillesse chrétienne : « Quelle bénédiction qu'une vieillesse chrétienne!...
« Cette halte, à la fin de la course, permet au voyageur d'es-
« suyer la sueur qui couvre son front, de secouer la pous-
« sière qui le souille, avant d'entrer dans la salle du festin
« du Père de famille. »

Le livre qui m'a fourni ces graves et gracieuses pensées se termine par une prière que je n'hésiterai pas, chrétiens, à placer sur vos lèvres. « Je me recueille, ô mon Dieu, à la
« fin de ma vie, comme à la fin d'une journée, pour vous
« apporter les pensées de ma foi et de mon amour. Les der-
« nières pensées d'un cœur qui vous aime ressemblent aux
« derniers rayons du soleil, plus intenses et plus colorés
« avant de disparaître. Vous avez voulu, ô mon Dieu, que la
« vie fût belle jusqu'au bout. Faites-moi croître, reverdir,
« monter comme la plante qui dresse encore une fois sa tête
« vers vous, avant de donner sa graine et mourir. »

Dames chrétiennes, qui m'écoutez, vous pouvez être

fières. car c'est une illustre chrétienne de notre temps qui a écrit ces lignes (1). Je les encadre avec égard entre celles de nos Saints Livres, par lesquelles j'ai commencé et celles par lesquelles il est temps de finir.

VII. — Je me contenterai de vous montrer saint Jean, l'apôtre de l'amour et de la fidélité donnant, dans l'âge le plus avancé, à nos vieux prêtres catholiques, l'exemple de la charité pour Dieu, de la charité pour le prochain, et des saintes aspirations vers le ciel.

Un autre, le grand Paul, l'apôtre des grandes excursions à la recherche des âmes, des grandes luttes oratoires, des grands combats de la vie, se charge de nous instruire des angoisses de son âme, et, par prévision, de ses derniers moments. Un jour, au fort de sa détresse, il s'écriera : Qui me délivrera de ce corps de mort ? Mais ce sera pour ajouter le lendemain : Et qui donc serait capable de me séparer de l'amour du Christ? Puis il dit : *Jam delibor*, je me sens partir. Combien ses adieux à la terre sont confiants et radieux ! C'est une prophétie : celle de son martyre, de sa glorieuse décapitation. C'est aussi beau que le *Nunc dimittis* du vieillard Siméon. Aussi vous les citerai-je simplement, ces paroles, et presque sans commentaire. « J'ai combattu un bon combat, j'ai achevé ma course, j'ai gardé la foi. Il ne me reste qu'à attendre la couronne de justice qui m'est réservée, que le Seigneur, comme un juste juge, me rendra en ce grand jour ; et non seulement à moi, mais à tous ceux qui, ayant une bonne conscience, attendent avec joie son second avènement.

Ici le prédicateur s'arrête et, se tournant vers M. le Doyen, lui offre le bouquet de fête.

(1) Ces huit citations entre guillemets sont extraites du livre « *de la Vieillesse* de Mme Swetchine.

VI

BOUQUET DE FÊTE ET PRIÈRE

MONSIEUR LE DOYEN,

VIII. — Il ne saurait m'appartenir de vous louer : cela même m'est défendu par nos Livres Saints qui nous disent : Ne louez qui que ce soit avant la mort : *ante mortem ne laudes hominem quemquam.* Mais, qu'est-il arrivé depuis que je m'occupe de ce sujet de la vieillesse ! C'est, qu'à mesure qu'apparaissait un grand sentiment, un saint personnage, une noble attitude, du portail de cette église à la nef, et de la nef au sanctuaire, prêtres et fidèles se disaient : *Voilà bien notre Doyen ! le voilà tel qu'on le connaît, ici et ailleurs, depuis près d'un demi-siècle !* Ce n'est donc pas moi, M. le Doyen, qui suis le coupable. Mais Dieu me garde de vous laisser une seconde de plus sur ce gril de l'éloge! Je vous entends me dire : Priez pour le vieillard de quatre-vingts ans ! Eh bien, oui, nous allons prier. Voici le psaume *Exaudiat.*

Que le Seigneur vous exauce au jour de la tribulation : que le nom du Dieu de Jacob vous protège ;

Qu'il vous envoie du secours de l'arche sainte de son alliance, de son divin tabernacle du Dieu de l'Eucharistie, comme il l'envoyait à David, de la montagne de Sion où se trouvait l'arche d'alliance ;

Qu'il se souvienne de tous vos sacrifices, et que la grande victime offerte si souvent par vous sur cet autel, lui soit de plus en plus agréable;

Et, puisque votre cœur a toujours été selon le cœur de votre Dieu, que le Seigneur vous accorde toutes choses selon votre cœur ; qu'il accomplisse tous vos desseins;

Pour nous, vos enfants, nous nous réjouissons du bonheur dont vous aurez la source en Dieu, pour vous et pour nous, et nous nous glorifierons dans le nom de notre Dieu.

Enfin, que le Seigneur accomplisse toutes vos demandes : c'est à ce signe que nous reconnaîtrons qu'il a sauvé le ministre de son autel, et, que ce salut sera l'œuvre de la toute-puissance de sa droite.

Avoir fait ces vœux, mes Frères, pour notre digne Doyen, c'est les avoir faits pour toute cette paroisse, pour tout le doyenné de Ribemont, pour le diocèse de Soissons et son vénérable Evêque, pour toute la France, pour la sainte Eglise catholique. Donc, que le Seigneur nous exauce et nous bénisse, *nunc et in hora mortis nostræ,* maintenant, et à l'heure de notre mort. Ainsi soit-il.

VII

LES AGAPES FRATERNELLES

Nous entrons dans la salle du festin des Noces d'Or. D'honorables familles de la ville ont envoyé au presbytère leurs plus belles fleurs, et ces fleurs, disposées par des mains d'artistes, offrent un véritable parterre. Au *Benedicite* liturgique succède le *Benedicite* poétique. Un prêtre conservateur a tenu en réserve, depuis dix ans, des stances suaves composées par M. l'abbé GONNELLE, du clergé de Paris, et récitées le vendredi 27 mai 1870 pour la cinquantaine de prêtrise de M. l'abbé HAMON, curé de Saint-Sulpice. Le lecteur va commencer. A cette annonce, M. le Doyen proteste et demande quelle assimilation on peut établir entre M. HAMON, ce modèle des modèles et lui. Quand les strophes ont été lues au milieu de l'émotion générale, M. Beautour demeure seul de son avis.

I

Tes Noces d'Or, ô Père, ô Pasteur vénérable,
Réjouissent le cœur de tes nombreux enfants.
Que de bien accompli, quelle vie admirable,
Durant ces soixante ans !

II

Lorsque tu célébras ton premier sacrifice,
Combien ton air pieux ravit les assistants,
Si j'en crois ta ferveur à remplir cet office,
Même après soixante ans !

III

Depuis lors, grâce à toi, combien ont été prêtres !
Combien, à les entendre, indécis, hésitants,
Ont dû leur sacerdoce au plus cher de leurs maîtres,
Durant ces soixante ans !

IV

Que de fois le Clergé, que de fois les fidèles
Sous ta parole grave enchaînés, haletants,
Ont appris à goûter les choses éternelles,
Durant ces soixante ans!

V

A ton saint tribunal, combien de pauvres âmes,
Combien de grands pécheurs, que de cœurs pénitents,
Du pur amour ont vu se rallumer les flammes,
Durant ces soixante ans!

VI

Que de gens ont reçu de tes mains consacrées
Le pain qui fait les forts, les doux, les continents,

Et vu du sang divin leurs lèvres empourprées,
Durant ces soixante ans !

VII

Combien de maux, hélas! maux de toute nature,
Ont pansés, ont guéris tes doigts compatissants !
Combien de cœurs blessés qui te doivent leur cure,
Durant ces soixante ans!

VIII

Qui pourrait dénombrer la foule des malades,
Compter les moribonds à leurs derniers instants,
Dont le chevet t'a vu, sans craintes ni bravades,
Durant ces soixante ans !

IX

Mais surtout, bon Pasteur, il est incalculable
Le nombre des vieillards pauvres, nus, impotents,
Qu'a sauvés, recueillis ton grand cœur charitable,
Durant ces soixante ans!

X

Soixante ans de vertus, soixante ans de prêtrise,
Soixante ans de travaux, labeurs, efforts constants !
Il faut sur tous les tons qu'ici je le redise :
Oh ! les chers soixante ans!

XI

Puisse s'éterniser parmi nous ta vieillesse! [temps!
Puisses-tu nous guider longtemps, longtemps, long-
Puissent nos yeux te voir, tout mouillés de tendresse,
Dépasser tes cent ans!

Sans oublier, ajouta quelqu'un, sans oublier les quatre au cent!

VIII

M. LE DOYEN DE VERMAND

M. l'abbé Constance, Doyen de Vermand, se leva, et, avec l'accent le plus pénétré, parla du bonheur de cette journée. Juste hommage, dit-il, rendu à la vieillesse, à la vertu, à cette immuable persévérance dans l'œuvre de Dieu et des âmes, à ce noble cœur de prêtre, à cette âme vaillante. Il dit aussi combien il était doux d'être là, à tant de frères, sans compter ceux dont le cœur, en tant de lieux, bat avec le nôtre, oui, d'être là, ne faisant qu'un avec Dieu, avec l'Eglise, avec nos tristesses, nos craintes, mais aussi, nos inébranlables espérances.

Deux Dominicains, les RR. PP. Bernard et Noble, étaient des nôtres : un autre prêtre compléta la pensée de M. le Doyen de Vermand, en disant que l'union était entière, surtout au jour du danger, entre séculiers et réguliers, et que les religieux étaient non seulement nos bien-aimés et indispensables auxiliaires, mais des modèles dont nous nous faisons gloire de suivre les exemples.

M. le Doyen de Ribemont fit écho à ces généreux sentiments : durant quelques minutes, il nous entretint, au milieu du plus profond silence, de son amour pour l'Eglise, pour le diocèse, pour sa paroisse, pour ses chers confrères, sans oublier la reconnaissance que lui inspirait la manifestation dont il était l'objet.

IX

MONORIME ET ACROSTICHE

M. l'abbé Jardinier demande à lire le monorime ci-après :

Messieurs, que dirons-nous du bon Monsieur Beautour?
Nous dirons que, du siècle il fera bien le tour.
N'a-t-il pas à la mort joué plus d'un beau tour,
Et n'est-il pas ici debout comme une tour?
Pourquoi du grand rappel, pourquoi hâter le tour?
N'est-il pas décrété que, chacun tour à tour,
Les yeux fixés au Ciel, comme Martin de Tours,
Nous devons patiemment attendre notre tour?
Même au beau Paradis on n'entre qu'à son tour :
Ce serait le manquer d'intervertir le tour.
Vous êtes trop prudent, digne Doyen Beautour,
Pour ne pas reculer devant ce vilain tour!
Quand, de toute vertu vous aurez fait le tour,
Les Anges vous diront : Entrez, Monsieur Beautour.

Après *tour* et *Beautour*, M. l'abbé Waendendries nous offre en acrostiche *Constant Beautour*.

Conduits par les attraits du charmant presbytère
Où nous attendait tous notre vénéré Père,
Notre excellent doyen, hospitalier toujours,
Sachons à son accueil répondre avec amour,
Témoignons de nos cœurs l'attachement sincère
Au Pasteur que ce jour a fait octogénaire.
Nous voici désormais rassurés sur son sort,
Tant il fit, l'an dernier, un beau tour à la mort!

Bénissons-en, joyeux, la sainte Providence,
Et bien vive exprimons notre reconnaissance.
Aux vœux que nous formons en sa fête aujourd'hui,
Un ange exprès, des Cieux viendra veiller sur lui.
Tous de cœur prolongeant sa précieuse existence,
On nous verra toujours lui prêter assistance.
Un doyen tant aimé doit vivre encor longtemps,
Rien ne peut l'empêcher d'aller jusqu'à cent ans.

Ces deux petites pièces, inspirées par le cœur plus encore que par l'esprit, amenèrent le sourire sur bien des lèvres.

X

LES PAUVRES

Avons-nous besoin de dire que la fête avait été générale dans Ribemont, et que M. le Doyen, et sa digne sœur, avaient organisé dans la ville une abondante distribution de pain?

XI

DERNIERS VŒUX

Ad multos annos !

Dominus conservet eum, et vivificet eum, beatum faciat eum in terra et non tradat eum in animam inimicorum ejus!

Fiat, Fiat !

www.ingramcontent.com/pod-product-compliance
Ingram Content Group UK Ltd.
Pitfield, Milton Keynes, MK11 3LW, UK
UKHW021115230726
13926UKWH00002B/502